चाँद की खिड़की से हमारी धरती

नील ग्रह के मानवीय-अमानवीय संवेदनाओं का चल-चित्र

DR DEVESH

कविताओं के इस संग्रह को कलमबद्ध करने में
मुझे विभिन्न यात्राओं के अनुभव, मिले लोग एवं
वहाँ की आबोहवा ने अपना महत्वपूर्ण योगदान
दिया है। परवरदिगार से करबद्ध याचना है कि
मेरे द्वारा यात्रा किए गए सभी जगहों के लोगों
एवं आबोहवा को यथावत रखें।

Acknowledgement

कविता-संग्रह के प्रथम संस्करण को सहेजने एवं आप तक पहुँचाने में पूज्य माता-पिता, मेरी सहयात्री, मेरे प्यारे बच्चों एवं मेरे परम मित्रों का अतुलनीय योगदान है। मैं सभी का आभार व्यक्त करता हूँ।

Preface

मेरी यह पहली कविता-संग्रह है। कविताओं के इस संग्रह में मैंने अपने जीवन के अनुभव एवं विभिन्न यात्राओं के संस्मरणों को कलमबद्ध करने की कोशिश की है। कार्यक्षेत्र, और ग्रामीण परिवेश में होने की वजह से ज़िंदगी की असलियत का सामना होता रहता है, जिसमें बहुत सारी मानवीय-अमानवीय-संवेदनाएँ होती हैं। मैंने कोशिश की है 'जैसा मैंने देखा या पाया, उसे यथारूप आप तक पहुँचाऊँ'। प्रत्येक व्यक्ति के जीवन में मोहब्बत, रूमानियत, संवेदनशीलता, व्यवस्था के प्रति थोड़ी कुलबुलाहट, कुछ समस्याएँ, समस्याओं के कुछ समाधान होते हैं। इन सभी सामान्य घटनाओं को आप तक कविता के माध्यम से पहुँचने की यह मेरी पहली कोशिश है। आशा करता हूँ मेरी कविता-संग्रह आपको बेहद पसंद आएगी। आपके शुभेक्षाओं के लिये प्रार्थी हूँ।

कुछ लिखना था सोचा तुम पर लिखूँ

कुछ लिखना था,
सोचा तुम पर लिखूँ।

असमंजस ये है कि
कहाँ से शुरू करूँ
पहली मुलाक़ात,
या पहली रात,
पहली बरसात.
या फिर वो पहली बात।

लेकिन हर एहसास को
कलमबद्ध करना उतना ही कठिन है
जितना तुम्हें पाना।

मखाने के फूल जैसी हो तुम,
पूरे साल में एक बार खिलती हो,
काँटों से भरे तालाब में,
काँटों के पत्तों के बीच खिलती हो।
लगभग असंभव है तुम्हें पाना,
यदि तुम्हें पाने की कला न सीखी हो तो .....

बहुत कम छुई जाती हो तुम,
शायद इसी वज़ह से बेहद खूबसूरत हो तुम ...
बनी रहो इसी तरह...
मुझे असमंजस में ही रहने दो .....।

किससे मोहब्बत करूँ?

गाँव,
ज़मीन,
ऊपज—
सभी तो अपने हैं,
किससे बग़ावत करूँ?

वो भी,
तुम भी,
आजू-बाजू,
तन्हाई भी,
महँगाई भी—
सभी तो अपने हैं,
किसकी ख़िलाफ़त करूँ?

इच्छा,
चाहत,
सपने,
हक़ीक़त—
सभी तो अपने हैं,
किससे मोहब्बत करूँ?

ज़ालिम है वो

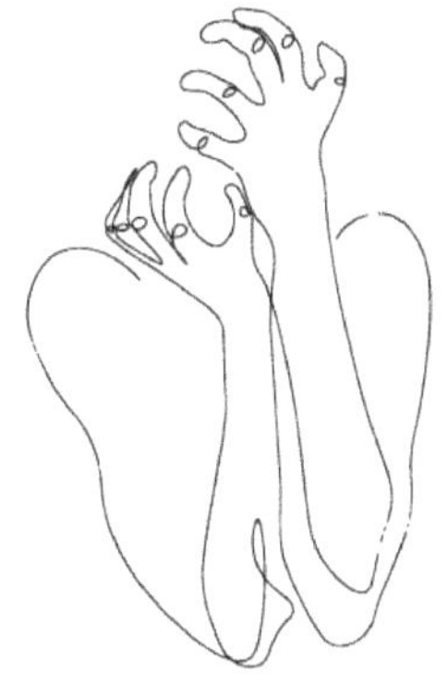

ज़ालिम नहीं है वो,
जिसने इंसान बनाया।
ज़ालिम है वो,
जिसने उसमे धड़कन लगाया।

कातिल नहीं है वो,
जिसने किसी का खून बहाया।
कातिल है वो,
जिसने बहते हुए लहू पर न पट्टी लगाया।

मुक़द्दर नहीं है वो,
जिसने आपको हरदम हराया।
मक़द्दर है वो,
जिसने आपको हारकर जीतना सिखाया।

उल्फ़त नहीं है वो,
जिसने आपको किसी का ना होना सिखाया।
उल्फ़त है वो,
जिसने किसी को आपका बनाया।

तुम्हारी लता (१) ......

प्रिय, मैं तुम्हारी लता थी,
तुम्हारी बगिया में लिपटकर रहना
मेरा विशेषाधिकार था,
जिससे
मैं अपना आपा खोकर बढ़ती जाती थी।

तुमने कितनी दूर से मुझे
कितने प्यार से लाया था,
फिर अपने लाड़ से मुझे सींचा।
मेरी तन्तुएँ, अल्हड़ हुई जाती थीं
अपने पी को रिझाने में।
किस कदर तुमने संभालकर अटरिया चढ़ना
सिखाया।
मैं भी तुम्हें अलग-अलग खिड़की से

कनखियाँ देखा करतीं थीं
तूफ़ानों के समय में तुमने हमें
ख़ुद में ऐसा लपेटा कि
हमारी बाढ़ को दुनिया देखती थी।
हमारा फूलना तुम्हीं से होता था,
जब तुम पर आते-जाते हम फूल बरसाते थे।

प्रिय, आज तुम्हारी लता टूट गई,
अटरिया पर जाने वाली तंतु टूट गई।
लता विकास की भेंट चढ़कर बिरहन बन गई।
प्रिय तो निःशब्द हैं ।

तुम्हारी लता (२) ......

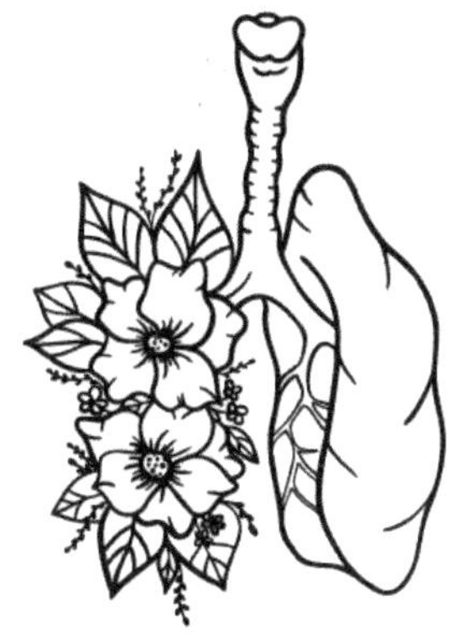

आऊँगी तुम्हारी ही अटरिया,
धीरज धरो।
बिरहन की पीर बड़ी है,
काटा गया है मुझे,
आत्मा भी बिंध गई है।
सहेजने को थोड़ा वक्त दो,
टूटे पंख उड़ने नहीं।
मरी मिट्टी जन्म नहीं देती।
ख़राब दौर है,
गुज़र जाएगा।
फिर लिपटेगी लता
अपने प्रिय से,
और बरसाएगी फूल
तुम्हारे आने-जाने पर।

बिहसित होकर
झूलेगी अपने पी के बहियाँ में,
मद्धम-मद्धम,
हौले-हौले।
तुम्हें चूमने को आतुर,
तुम्हारी लता ......

'माँ' का सितारा जगमगाता रहे

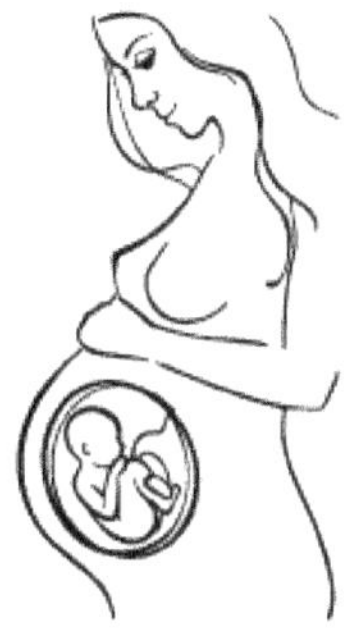

माँ मेरी कमज़ोर पड़ी,
तो लेखनी भी लिख नहीं पा रही
माँ के व्यथा को।

ऐसा लगता है, सब कुछ छूट रहा है—
आँचल का छाँव, मोह के धागे।
कौन कहेगा अब ख़ुद भूखे रहकर,
'खाना खाया बेटा ....'
कौन देगा अब, कुछ धन-विहीन रहकर,
जेब में आख़िरी दस का नोट?
कौन बोलेगा अब ख़ुद बिस्तर पर पड़े रहकर,
'थक गए होगे बेटा, थोड़ा बैठ जाओ .....'

माँ के दर्द में बच्चे भी रोते हैं

माँ थकती है, तो बच्चे भी थकते हैं।
माँ की एक हँसी ...बच्चों को पुलकित करती है।

बाबा के असंख्य तारों में,
एक झिलमिलाता सितारा दिया है - 'माँ।
इस सितारे के नाल से बद्ध बच्चों का जीवन।

'माँ' का सितारा झिलमिलाता रहे,
'माँ' के तारे जगमगाते रहें।

ख़ाली हाथ ही रहना है उसे

नाइटी पहने नारी,
गंदे नाले के किनारे पर,
मछली ढूँढती हुई,
जाती वन्दे भारत को एक बार देखकर,
निगाहें फिरा ली।
शायद मछली ने फँसने का संकेत दिया था।

मछली बच्चों को खिलाने के लिए पकड़ रही
होगी,
या चटोरी है, ख़ुद के लिए कर रही है।
नहीं, सामान्यतया तो यह नहीं होता।
नारी चटोरी तो होती है,
लेकिन ऐसा उद्‌यम परिवार का पेट भरने के लिए
ही करती है।

पति कहाँ है?
कच्ची दारू पीकर लुढ़का होगा कहीं।
फिर आएगा,
चीख़ेगा, पीटेगा उसे,
और अपने मनोरंजन में
एक और संतान का बीज डालेगा।

बकरी मिमियाती दिख रही है,
शायद नाइटी वाली नारी की तरह।
दुआ कनफ़्यूज़ है .....
मछली पकड़ जाए या महिला ख़ाली हाथ रह
जाए।
उसे वैसे भी किसी केस में
ख़ाली हाथ ही रहना है।

आज की होली

होलरी, होलरी.....

झाल, मंजीरा, ढोलों की थाप.....

ठोलक पर रंगीला चाचा की अंगुलियां थक गईं अब,

होलरी बाँधने वाले भैया नहीं रहे,

होलिका के समय 'गर्दा-गर्दा' करने वाले काका भी नहीं हैं,

होलिका दहन के बाद की होरी गाने वाले चाचा भी स्वर्ग में होरी गाते हैं अब,

होली की सुबह 'खस्सी' काटने वाले चाचा को लकवा मार गया,

कड़ाह में कटहल की सब्जी बनाने वाले बड़का बाबू अब ऊपरवालों की सब्जी बनाते हैं,

हांडी में 'खस्सी' बनाने वाले 'बाबू जी' मल्टीपल ऑर्गन फेलियर से जूझ रहे हैं।

अब गांव कौन जा पा रहा है,
मार्च के महीने में एक्जाम्स का दौर चलता है,
ऐसे जैसे हमलोग बिना एक्जाम्स के बड़े हो गए
हैं,
कोई आता नहीं अब, तो हमलोग भी नहीं
जायेंगे...यहीं मनाते हैं, अपनी सोसाइटी में,
कितना मज़ा आता है।

हाँ, मज़ा आता है— पत्नी को, बच्चों को --
चुप बैठकर अपने गांव की होली मिस करता
रहता है।
घर का पुरनका मुखिया भी, बुढ़िया मुखियाइन
भी,
(नयका) होने वाला मुखिया झल्लाता रहता है,
गरियाते रहता है।
"तुमलोग का होली खेलोगे बे, जो हमलोग खेलते
थे।"

होली के एक दिन का उमंग,
इसी के साथ अंगड़ाई लेकर थक कर सो जाती है ।

'विश्व दिल दिवस'

दिल बेहद विशेष है,
बेहद ही विशेष।

सबसे असुंदर कृति को भी,
चाँद कहने की हिमाकत 'दिल' ही करता है।

एक अनैतिक कृत्य को भी,
'एकदम सही' भी घोषित 'दिल' ही करता है।

जेब में फूटी कौड़ी नहीं,
फिर भी सब कुछ लुटा देने को 'दिल' ही करता है।

अपनों के लिए कुछ किया या न किया,

समाज के लिए कुछ कर गुजरने को 'दिल' ही
करता है।

ये रातें सुहानी, नदी का किनारा और ठंडी हवा,
फिर भी कुछ न सुहाने की सिफारिश भी 'दिल' ही
करता है।

विज्ञान ने तो दिमाग को,
मानव जीवन की सर्वश्रेष्ठ कृति घोषित किया
हुआ है।
लेकिन ऐसा करने की सिफारिश भी,
विज्ञान को 'दिल' ने ही किया होगा।

तभी तो, बेहद विशेष है ये।

एक प्राकृतिक मशीन का पहिया

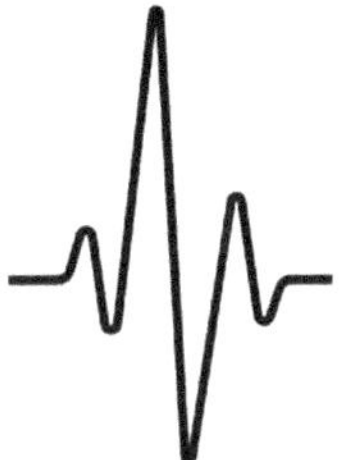

उलझ जाती हैं जब साँसें ,
वेंटिलेटर के तारों के बीच,
मॉनिटर की हर ब्लिन्क पर
निगाहें जमीं रहतीं हैं,
कुछ सकारात्मक देखने के लिए।

वक्त रुका-सा हो जाता है,
वही जिसकी सामान्य चाल जेट से ज्यादा रहती
है।
रिश्ते भटक-से जाते हैं,
वही जिनकी गर्माहट से जीवन सुकून से चलाती
है,
भगवान गौण हो जाते है।

कृत्रिम मशीनें पूजी जाने लगती हैं,

एक प्राकृतिक मशीन का पहिया फिर से घुमाने के लिए।

साँसों का प्राकृतिक स्वभाव

स्वतन्त्र साँसें कैसी होती होंगी,
स्वच्छ पहाड़ों और घाटियों से गुजरकर,
नदियों संग अठखेलियाँ कर,
बादलों को चूमने पहुँच जाती होंगी।
जब चाहे, जितनी बार चाहें उतनी बार
ऐसा ही खेल,
ऐसी स्वतन्त्र साँसे
ऊपरवाले की मेहरबानी से ही मिल सकती हैं।
उसके मेहरबानी के बिना तो,
साँसें उलझी रहती हैं
विभिन्न अंगों में, वाहिनियों में।
माया, मोह, लोभ, लालच में उलझी साँसें,
हक़, कर्तव्य, और ज़िम्मेदारी से बोझिल साँसें।
भारी चलती हैं,

मद्धम चलती हैं।
लेकिन,
साँसों का प्राकृतिक स्वभाव तो स्वतंत्र रहना है।
उन्हें स्वतंत्र ही रहना चाहिए।

मनुहार

नहीं, ऐसा नहीं था कि
तुम मेरी नहीं थी,
या
मैं तुम्हारा नहीं था।
क्या हो गया,
ऐसा,
दरमियाँ हमारे,
कुछ छूट गया,
कुछ टूट गया,
या
कुछ रहा नहीं बचा,
जिसकी अब ज़रूरत नहीं।
ना तो गिला, ना शिकवा।

ना गुहार, ना पुकार,

ना प्यार, ना मनुहार।

कहो,
कुछ बोलो...
शब्दों में बीज होते हैं,
जो भविष्य में पेड़ बनेंगे,
प्यार की कलियाँ खिलेंगी,
मीठे रिश्तों के फल लगेंगे,
ऐसे बीज दूर तक फैल कर
ऐसी ही ख़ुशहाली फैलायेंगे।

आओ प्रिय
एक बार गले तो लग जाओ।

कभी-कभी यूँ हीं

नीलगिरि हिल्स में दूर कहीं...

कभी-कभी यूँ हीं भाग जाना चाहिए,
अपने 'पुरानों' के साथ,
बिना किसी 'प्लान' के,
बिना किसी तय 'डेस्टिनेशन' के।

चलते-चलते थक जाएँ
एक-दुसरे को दी हुई प्यार भरी गालियां भी ख़त्म
हो जाएँ,
तब अपने ज़िन्दगी के अनसुलझे रहस्य/
फ़लसफ़े खुली वादियों में...
थोड़ी 'थकन' कम कर देती है, थोड़ी 'उमर' कम हो
जाती है
जीवन को अपने ढर्रे पर चलायमान रखने के लिए
जरूरी बातें...

हवाई सर्वेक्षण

हवाई सर्वेक्षण में क्या ही दीख जाता होगा
सिर्फ़ पानी में डूबे गाँव, घर, सड़कें ......
इतनी ऊँचाई से कहाँ दीख पाता होगा कि
सलीम की अम्मा ने आज अंतिम बचे अनाज की
रोटी बनायी है।
दूबे जी के बच्चे को साँप ने काटा है, उसे नीम का
लेप लगाकर परिवार भगवान के आगे धुनी रमाए
बैठा है।
शकुंतला दादी खाट पर पड़े -पड़े पिछले तीन दिन
से
बिना खाए-पीए शौच किए जा रहीं हैं।
मालती दुधमुँहे बच्चे के लिए अपनी गईया का
मासूम चेहरा देख रही है।

बेबस मानस छत के मुँडेर पर बैठा उड़न -तश्तरी
को देख
आस से दो वक़्त के बंडल को इंतज़ाररत है।

फिर कुछ दूर के घर में रोने से कोहराम मचा है,
लगता है जगत काका ने इस नरक को अलविदा
कह दिया है,
सावन का आज तो तीसरा ही दिन है,
भादो अभी बाक़ी ही है।

पता नहीं बाढ़ कितने दिन में उतरेगी....
कहाँ दीख पाता होगा ये सब हुक्मरानों को
उड़न-तश्तरी से ....

अधपके बालों के साथ

अधपके बालों के साथ,
कब तलक चल पाओगे हज़ूर?
या तो अपनी उमर ही बता दो,
या फिर आ जाओ उन्हीं गुनाहों के बस्ती में,
जब हम उम्र के उस पड़ाव पर थे,
जब ना तो कुछ समझ आता है
और ना ही को समझा पाता था।
यकीनन उस उम्र में गुनाह सब ने किए होंगे,
फिर चाहे वो जन्मदाता से अपने किसी करतूत
को छिपाने के लिए झूठ बोलना हो,
या फिर किसी मग़रूर के एक तरफा इश्क़ में
पड़कर अपने कैरियर का कीमती साल बर्बाद
करना हो।

क्या कीजिएगा साहब,

गृहस्थी का बेलन जब पिछवाड़े पर जोर का
झटका धीरे से देती है,
बच्चों की नहीं खत्म होने वाली माँग की सूची
लम्बी होती जाती है,
आपकी मोहतरमा को जब अपने ईश की हर बात
नाग्वार गुजरने लगती है,
आप अपने जन्मदाता के सामने झूठे साबित होने
लगते हैं,
आप समझिए कि आपके बाल अधपके होने लगे
हैं।

कुछ नहीं करना आपको,
वक्त है,
बदल जाएगा,
क्षितिज़ पर लालिमा को तो आना ही है,
और आपको गुनाहों की बस्ती से बाहर आकर एक
नयी दुनिया देखनी ही होगी,
जिसमें आपके अधपके बालों को नहीं,
लोग पूरा सफेद देखना चाहते हैं।

समझ रहे हैं आप....
पूरा सफेद का मतलब।

कमाई असल के विश्वकर्मा की

वर्षों बाद लुहार को
चूल्हा सुलगाते देखा...
सौ घर की बस्ती में
ऑनलाइन/डिज़िटल /सेल्फ़ी के ज़माने में।

कितने लोग हँसुआ, खुरपी या
कोई औज़ार लुहार से पिटवाते होंगे।
सब कुछ तो आमेजन पर मिल रहा है।

एक दिन में कितने ग्राहक आते होंगे उस चूल्हे
पर,
भर दिन में सौ रुपये कमाता होगा क्या?
लगता तो नहीं है।

ये हुनर भी जल्दी ही दम तोड़ देगा।

मनरेगा की भी मजूरी नहीं मिलनी,

असल के 'विश्वकर्मा' को।

एक और हुनर जल्दी ही ज़मींदोज़ होगा

कैलेंडरिंग की हुई साड़ियाँ
लाइन से लटकी हुईं थीं
धोबी की छोटी-सी दुकान के सामने।
अर्धांगिनी उसको सहेज कर रख रही थी,
सभी साड़ियाँ ख़ालिस बंगाली इस्टाइल की थीं,
महालाया, पूजा, लक्ष्मी पूजा लगी थीं।

कितना हुनरमंद है धोबी

लेकिन मशीन के कैलेंडरिंग की फिनिश थोड़े ही दे
पाएगा।
वी-मार्ट में सेल में बंगाली साड़ी बिक रहा है,
कौन पंगा ले?
धोबी बहुत दिन भी लगाता है,
और ऐंठता भी है।
आजकल तो सिर्फ़ पॉलिश के भी चालीस रुपये
माँगता है।

झंझट नहीं करने का,
वी-मार्ट चलते हैं।

एक और हुनर जल्दी ही ज़मींदोज़ होगा.......

एक अशांत आत्मा की कलम

'केतना के फ़ूक देली येही धरती पर, लग मत हमरा से'
डोमराजा ने शमशान घाट पर अपना फीस बारगेन करने पर प्रत्युत्तर दिया।

गंगा मईया अलग कराह रहीं हैं,
कितने कचड़े को मैं पचा पाऊँगी अब,
मैं भी तो बूढ़ी हो रही हूँ।

पुल पर गुजरती हुई ट्रेन भी अपने होने का आवाज़
सहित उपस्थिति दर्ज करा रही है,
रेल पटरी के किनारे एक जोड़ा अपने भविष्य के
सपने बुनने में लीन है,
पीछे ऊँची वाली सीट पर सवार लड़का,

बाइक चलाती हुई लड़की का गंगा की लहरों के
साथ रील बनाने में लगा हुआ है।
पुल पर एम्बुलेंस का सायरन यह बता रहा है कि
दूसरा डोमराजा के पास आने के लिए लाइन
लगाया हुआ है।

इन सब के बीच,
एक जगह ताश की विसात पर भारत/इंडिया पर
चर्चा हो रही है,
थका हुआ मज़दूर बालू पर गमछा बिछा कर चैन
की नींद ले रहा है,

श्मशान में जलता शरीर, मरने के बाद भी शांति
से रहने देने की अपील कर रहा है,

एक अशांत आत्मा इसे कलमबद्ध कर रहा
है।

लेखनी सरपट दौड़ेगी

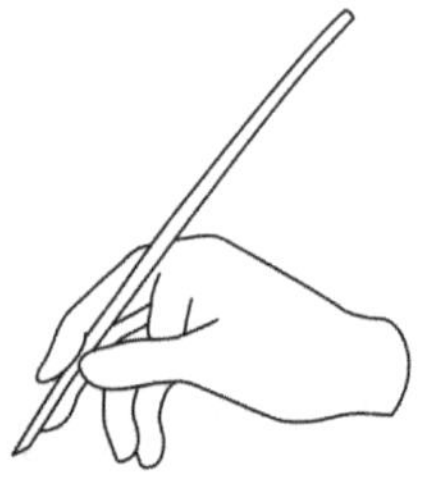

लेखनी लिख नहीं पाती अब,
तुम्हारे बारे में।
क्या कुछ हो गया है,
लगता है कुछ खो गया है।
मेरे शब्द सोये हुए लगते हैं।

मुझे पता है, तू अभी भी हसीन होगी,
इसलिए सोचता हूँ चंद्रयान की सवारी करूँ,
और जाकर चाँद के साथ तेरी सेल्फ़ी ले आऊँ।
फिर मिलाऊँ उस फोटो से,
जो पापा के कैमरे से नैनीताल में खींचा था।
मुझे यक़ीन है, अभी भी वो फोटो,
चाँद की सेल्फ़ी को बिना वज़ूद का कर देगी।

लेकिन लेखनी लिख नहीं पाती अब,
गृहस्थी के चरखे ने
जीवन के धागे को बींध दिया है।

एक नया दोशाला बुनने को सोचा है,
सोचा है कि बुलेट पर बिठाकर,
चामुंडा शिखर पर ले जाऊँगा,
और छिपा दूँगा अपने चाँद को उस दोशाला में।
फिर सब कुछ मेरे अंतर्निहित होगा,
सारे शब्द जी उठेंगे,
लिखनी सरपट दौड़ेगी।

त्रासदियों वाला विकास

परम्परा
पहले
आप छोटे भी हों,
तो आपको बड़े का दर्जा देकर सम्मान दिया जाता
था।
अब
मेरे सामने कौन बड़ा है, कोई मेरा पेट पालता है
क्या.......।

संस्कार
पहले,
बिना बड़ों से पूछे कोई काम नहीं किया जाता था।
अब,

'आउटडेटेड' लोगों से पूछकर सारे प्लान का
मटियामेट थोड़े ही करना है।

प्रकृति
पहले,
पहाड़ों को देवी/देवता का नाम लेकर पवित्र-स्थल
घोषित किया हुआ था,
ताकि सब कुछ अनछुआ रहे।
अब,
ये पहाड़ अनछुआ कैसे बचा ? , यह पिछड़ा क्षेत्र है,
इसका विकास अत्यावश्यक है,
इसे काटकर एक रमणीय रिसोर्ट बनाते हैं,
इसे खोदकर एक नेचुरल रिजर्वायर बनाते हैं,
इसमें केज़ लगाकर जंगली जानवरों को सुरक्षित
करते हैं।
पहाड़ों के लिए कर रहे हैं या ख़ुद के लिए?

बच्चे
पहले,
साइकिल चलाना सीखने में कितनी बातें सीख
जाते थे।
अब,

रिमोट वाली कार से ही जीवन शुरू करके जीवन
से रिमोट होते जा रहे हैं।

संबंध
पहले,
सहज, सबसे मधुर
असहज तभी जब युद्ध जैसी नौबत हो
लेकिन युद्ध के बाद भी शादियाँ करके सहज
समाज बन जाता था
अब
यदि आपके संबंध असहज नहीं,
तो आप 'सामान्य' श्रेणी के इंसान नहीं हैं।

महत्वपूर्ण ये है कि.....

महत्वपूर्ण ये नहीं कि इस धरती पर हम क्या
लेकर आये थे,
महत्वपूर्ण ये है कि इस धरती को हम क्या देकर
जायेंगे।

महत्वपूर्ण ये नहीं कि हम किस संस्कृति के
धरोहर हैं,
महत्वपूर्ण ये है कि हम कितनी नवीन संस्कृतियों
को धरोहर बना पाते हैं।

महत्वपूर्ण ये नहीं कि हमारी शिक्षा का स्तर क्या
है,
महत्वपूर्ण ये है कि हमने कितने वंचितों को
शिक्षित किया है।

महत्वपूर्ण ये नहीं कि हम किस मूल के निवासी
हैं,
महत्वपूर्ण ये है कि हम कितने मूलों के निवासियों
के हमवतन हैं।

महत्वपूर्ण ये नहीं कि हम किस समाज की
पैदाइश हैं,
महत्वपूर्ण ये है कि हमने कौन-सा नव-समाज
सृजित किया है।

महत्वपूर्ण ये नहीं कि हमें किससे प्यार मिला,
महत्वपूर्ण ये है कि हमनें कितनों को निःस्वार्थ
प्यार बाँटा है।

नील-ग्रह के सभी प्राणी को चित्त शांति की जरुरत
है, |
इसलिए महत्वपूर्ण ये है कि इस ग्रह को हम
कितना ज्ञानवान बना पाते हैं,
कितना स्पर्शित कर पाते हैं ॥

अपने सम्बद्ध क्षेत्र में समर्थतानुसार योगदान
दें।

मैने वह सब किया अपने जीवन में जो मुझे ठीक लगा

मैने वह सब किया अपने जीवन में जो मुझे ठीक लगा,
वक्त की आग में झुलस गए मेरे कई फैसले,
कुछ संजीदगी से लिए गए फैसलों पर गर्व भी हुआ,

आज जब भी बेवक्त नींद टूटती है,
एक शख्स मोम जैसा,
खोजता-सा मिल जाता है,
हमेशा से रहा मेरे जीवन में,
जो मेरे अनजान फैसलों की तपिश में पिघल गया
लगता है,
वो मोम आज बहुत याद आ रहा है।

मैं खुद को गुनहगार समझता हूँ,
कोई सजा मुकर्रर हो जाए मेरे हिस्से,
और
वजूद के टुकड़े को तो आज़ादी मिल जाए।

कभी तो मिलेगी तू

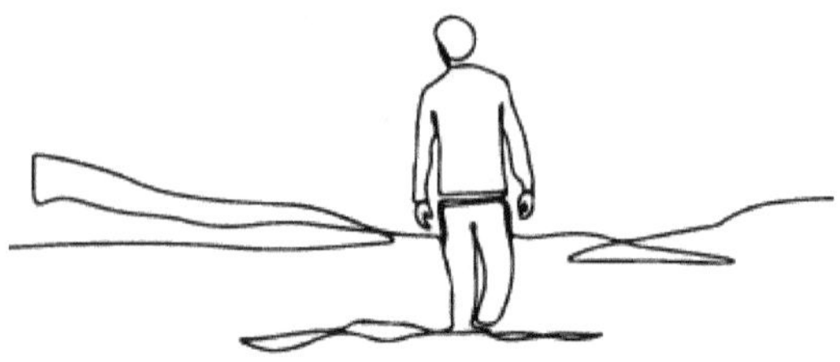

कभी तो मिलेगी तू

पूछूँगा तुझसे ....
कैसी लगती है तन्हाई में रूमानियत,
या फिर
रूमानियत में तन्हाई ...

ये तब की बातें थीं,
जब कंपनी गार्डन में गुलाब अपने शोख़ अंदाज़ में
खिलता था,
घाट पर धड़कनों की चाल गंगा की लहरों से मेल खातीं
थीं,
दूर मंदिर में किसी परिणीता ने फिर अपना साजन
चुना होगा,
तब तन्हाई में भी रूमानियत हुआ करती थी।

शायद ये आलम बदल गया लगता है .....
मिलकर पता लग पाएगा।

बाइक की पिछली सीट बेगानी घूमती है

ख़ुशबू आयी एक झोंके के साथ
लायी अपने साथ एहसास तेरे होने का,
शहर तो अब भी वहीं हैं तेरे जाने के बाद, बस बाइक
की पिछली सीट बेगानी घूमती है।

बारिश की बूँदों ने भी कुछ फुसफुसाया है
तेरे साथ की कॉफ़ी की महक,
जैसे नथुनों से होकर गुज़र गई,
बस जोड़े का एक कप खाली रखा होता है।

सर्दी में कोहरे की चादर ने
सभी कुछ को अपने आगोश में ले लिया है,
मैं भी आग़ोश में हूँ अपनी रज़ाई के,
बस बिछावन का बाँया भाग ख़ाली पड़ा रहता है।

प्रकृति सहेज़ने की प्रवृति

बहुत पुराने बरगद का
बहुत मोटा तना
किसी बुद्धिमान को समझ आया होगा

उसको काले रंग से पैंट कर
एक लाल चुन्नी ओढ़ा कर
माता रानी को बिठा दिया
एक लोहे के तार की जाली से घेर दिया
आस्था का केंद्र बन गया
बहुत भव्य

पेड़ ऊपर लहलहा रहा है
नीचे उसकी पूजा हो रही है
जल के साथ
ऐसा याराना सालों चलेगा प्रकृति-मानव का ....

हासीमारा के रस्ते में

हासीमारा के रस्ते में
घने जंगल
लेकिन ऊँघते, अनमने नहीं
एकदम खिले हुए
आत्मविश्वास से खड़े
देखकर लगता है
विकास की नज़र अभी यहाँ नहीं पहुँची है।

पेड़ पर पक्षियों का आश्रय-स्थल भी बना हुआ है,
कीट-पतंग भी दीख रहे हैं,
परागण की संभावना अभी बनी हुई है,
संतुष्टि है कि क्षेत्र में कुछ वर्ष और
खाद्यान्न की उपलब्धता रहेगी।

ऐसे ही बने रहो ..
आमीन.......

परिवर्तनशील सामाजिक सद्भाव

बस का टायर बर्स्ट हो गया
पिछला था, बस सुरक्षित रह गई।

आगे छाया में टायर बदला जाने लगा
ड्राइवर, खलासी के साथ
बस के पाँच-छः सवारियों ने
अपेक्षित सहयोग किया
दस मिनट में बस चल पड़ी।

बनती हुई बस में बैठे रह गए वे संभ्रांत थे
जिन्होंने सहयोग किया, वो बीड़ी पीने वाले थे।

एक सुकून भरा जीवन जीया जा सकता है

ख्वाहिशें, उम्मीद जगातीं हैं

लेकिन उम्मीदें क्या यह सोचती होंगी कि
ख्वाहिशों का दायरा तो सीमित होता है,
उम्मीदें तो कहीं भी पहुँच जाती हैं।

ख्वाहिशों को दो कदम आगे
और
उम्मीदों को दो कदम पीछे
हो जाने भर से ...
एक सुकून भरा जीवन जीया जा सकता है।

लगता है ताजमहल ऐसे ही बना होगा

दिल की दवाई
नहीं मिली,
तो
धड़कन धड़कने लगी,
आँतें मुस्करा रही थीं।

क्या रिश्ता है दोनों का
एक-एक का आसरा बिसरने पर,
दूसरे का मकबरा-सा हुआ जाता है।

लगता है ताजमहल ऐसे ही बना होगा।

हम जगेंगे तो क्या होगा

हम जगेंगे तो क्या होगा...
वास्तविकता दिखाई देगी,
दिमाग़ सोचेगा,
हाथ चलेगा,
मन कुछ करने को कहेगा,
और ऐसे बदलाव आएंगे,
ऐसा बदलाव हमेशा सकारात्मक होगा।

हम सिर्फ़ सोचेंगे तो क्या होगा...
शरीर में कुछ कोशिकाओं का तीव्र विकास होगा,
हमारे दिमाग़ की तन्तुएँ आराम करेंगी,
हमारी आँखे आवश्यक-अनावश्यक कैप्चरिंग से
बचेंगी।
हम कुछ नहीं सोचेंगे,
ना ही कुछ करेंगे,
जो जैसा है वैसा ही रहेगा,
या उसका और ह्रास होगा,

ऐसा बदलाव हमेशा नकारात्मक होगा।

कच्ची सुपारी

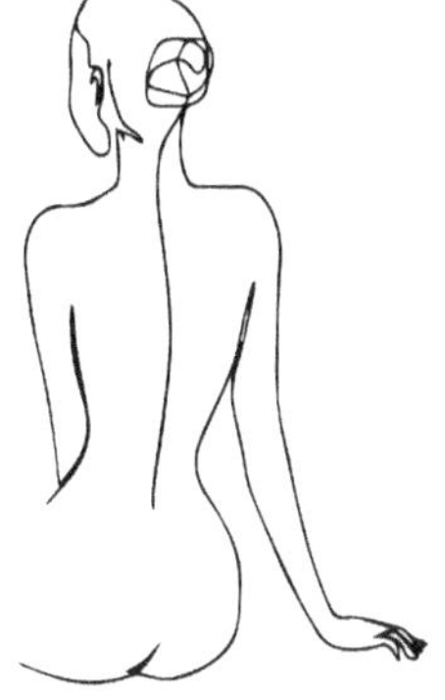

कच्ची सुपारी
का नशा

एकदम मुलायम,
कम कसैला,
आराम से क्रश होगा

लेकिन मिनटों में
ज़ेहन पर सवार होकर,
ख़ुद के इशारों पर,
नाचने को मजबूर कर देगा ।

भीम का खेत

आदि कैलाश और पार्वती कुंड के बीच
'भीम का खेत' है,
जहाँ भीम खेती करते थे
और
आज भी धान के पौधे अपने आप से उगते हैं।

कोई अचरज़ नहीं है,
विज्ञान ने प्रकृति के इस अचरज को
सहज तरीक़े से समझाया है।

बर्फ़ीली पहाड़ों की ऊंचाई पर न्यूनतम तापमान,
एक फसली कृषि का चलन,
मिट्टी का उठाव-भराव नहीं,
तापमान कम होने से बीज की उर्वरता बनी रहेगी,
बीज स्वयं झड़कर ज़मीन में सुरक्षित रहेगा,
यह बीज ओ.पी. किस्म है,

अपने ऋतु के आने पर स्वतः अंकुरित होगा,
स्व-परागण की प्रक्रिया से धान में बालियाँ लगेंगी।

अपनाया जाना चाहिए प्रकृति के संरक्षण के इस
तरीके को,
पूजा होनी चाहिए प्रकृति के संरक्षण के इस तरीके की।

सपने

सपने
छोटे भी हों,
तो भी देखने चाहिए।
सपने
झूठे भी हों,
तो भी देखने चाहिए।
सपने
वास्तविकता के क़रीब न हों,
तो भी देखने चाहिए।
सपने
हक़ीक़त न बन पाएँ,
तो भी देखने चाहिए।

क्यूंकि
सपने
नहीं देखने पर
आप छोटे होते जाते हैं,
आप सृजनशीलता से परे होते जाते हैं,

आप हक़ीक़त से भी परे होते जाते हैं।

गंगा की लहरों की तरह का प्रेम

गंगा किनारे
एक कुटिया होगी
धुँध होगी
चीज़ें अस्पष्ट दीखेंगी
चाँद होगा
लहरों का मद्धम स्वर होगा
और
तुम होगी।

निःस्तब्धता होगी,
लब अवरुद्ध होंगे।

दिलों की बातें होंगी,
अनवरत
गंगा की लहरों की तरह

अनवरत
हमारे प्रेम की तरह
अनवरत
ईश के अनदेखे आशीर्वाद की तरह।

बिस्तर की सिलवटें

बिस्तर की सिलवटों को
तेरे जाने के बाद देखना

कुछ यूँ ही है...
जैसे भूल न सकने वाली एक दास्ताँ पढ़ रहा हूँ,
उस हसीं रात की याद कुछ यूँ है,
जैसे एक कविता हो जो मन को मेरे,
तेरे पास खींच ले जाती हैं।

किस क़दर ख़ामोश-सी दो अँखड़ियाँ,
एक-दूसरे से चिपकी हुईं,
जैसे उन्हें फूल कभी नहीं बनना,
सिर्फ़ कली रहना है।

एक अजीब-सी सिहरन होती है,
जब बेक़ाबू साँसे याद आतीं हैं।

वो मीठी-सी चुभन, वो भीगा-सा एहसास,
सदियों की प्यास जो बुझती नहीं थी।

हमारे मिलन की दास्ताँ...
सिर्फ़ सिलवटें ही बयाँ कर सकतीं हैं।
सिर्फ़ बिस्तर की सिलवटें....

नित नयी घोषणाएँ

नित नयी घोषणाएँ हो रहीं हैं

हज़ार करोड़ रुपए से कम की तो कोई योजना ही नहीं।
लेकिन इतने शून्य लगे योजना जाते कहाँ हैं ?

एक किसान को तो ट्रैक्टर, ट्रॉली, हालर लेने हैं - छः
लाख,
पर योजना की कीमत बीस लाख।

गरीब को आटा का मिल लगाना था - दो लाख,
पर योजना की कीमत दस लाख।

मुखिया को गांव में मंडी बनाना था - बीस लाख,
पर योजना की कीमत दस करोड़।

किसान/गरीब/मुखिया सब कंफ्यूज,

योजना में इतना फ़रक क्यों ?
इतने की गैप फंडिंग करने में राज्यों का वित्तीय
प्रबंधन कैसे हो पाता होगा ?

तो फिर फ़र्क़ क्यों है?
अंतरात्मा में आवाज़ गूंजती है - "विकास का खर्च है
बे"।
सर, सर .....

अंतरात्मा कंफ्यूज है -
बोलना है कि....सिसकना है
........कि
ख़ुद की रक्त वाहिनियों पर दबाव बढ़ाकर अंगों के
कृत्रिम सपोर्ट पर चले जाना है।

पुरनका ज़माना सोच रहे हो ....

कितना ज़ेहाद कर पाओगे
किस-किस से कर पाओगे
कब-कब करोगे

अपने ज़ेहाद को जनवरी के महीने में केदारनाथ भेजो
कम -से -कम दो-तीन महीने बर्फ में दबकर शांत
रहेगा गर्मी के महीने में बर्फ पिघलेगा, तो फिर
चीखेगा,
तब देखा जाएगा ....

क्या साहिब,
महीने तो ऐसे बता रहे हो
जैसे
सब कुछ यथावत है,
एकदम नियत समय पर ही बर्फ गिरेगा और गर्मी
पड़ेगी।
लगता है आप अभी भी,
पुरनका ज़माना सोच रहे हो ....

अभी किसी महीने में कुछ भी उल्टा हो सकता है....

ज़ेहाद की चाँदी -ही -चाँदी है
भरपूर समय है आपके पास .....

गज़ भर ज़मीन

गज़ भर ज़मीन पर,
बीता भर का आसरा,
इत्ते से जीवन के लिए,
नाकाफ़ी लगने लगता है अब।

तलवों में नहीं समा पाते अब पाज़ेब,
मौसम बदल गया-सा लगता है।
शायद

रुसवाइयों की पुरवाई चल रही है।
शख़्स ही तो था जिसने
सींचा था मेरे जहान को।

वही जहान
जो गज़ भर ज़मीन पर था।
वही आसरा
जो बीता भर का था।

इत्ता-सा ही तो जीवन था।

दाने तो आए फसलों में
पुरवाई ने सूखा दिया लगता है।

बहुत ग़रीब दीखतीं हैं तेरी आँखें,
जिनमे कभी जहान दिखा करता था।

आँखों में
जहान को गज़ भर में समेटकर,
ग़रीब का आसरा ही ख़त्म कर दिया।

बादलों के ऊपर (१)

बादलों के ऊपर
कितना सन्नाटा,
कितनी ख़ामोशी,
कितना सूनापन है।

लव-वड्स के लिए बेहतरीन स्पॉट है,
इनोवेटर्स को कुछ करना चाहिए इस पर,
बहुत कमाई का व्यापार होगा।

हालांकि किसी मन में यह ख्याल भी है -
क्या जनविहीन शांति में,
एक अकेला लव-बर्ड,
अनवरत रोमांस कर पाएगा।

तर्क तो कहता है कि
यदि ऐसा होता तो
आदम-हौव्वा ने संतति उत्पन्न नहीं किया होता...

वे जन-विहीन रह सकते थे।

बादलों के ऊपर (२)

बादलों के ऊपर
कभी जो तुम मेरे साथ होती,
पता नहीं क्या फ़ीलिंग होती,
अभी तो कल्पनातीत है ये सब।

तुक्केबाज़ी करके कुछ विकल्प दिया जा सकता है -
शायद तुम साढ़े तीन सौ रूपए का एक पानीदार कॉफ़ी
पीने की ख़्वाहिश रखती,
या,
फिर एक पसंद आते हुए ज्वेलरी को हसरत भरी
निगाह से देखकर रख देती,
यह सोचकर कि मैं इसे अफोर्ड नहीं कर पाऊँगा।

शायद तुम्हारे मन में बादलों के ऊपर वाली उन्मुक्त
होकर उड़ने की तमन्ना होती,
जिसमे मैं तुम्हें थामने की भरपूर कोशिश करने में
अपनी उन्मुक्तता खो देता।

इस उन्मुक्त गगन में तुम्हें हौव्वा बनने की भी तो
सूझ सकती है,
पता नहीं मन क्या-क्या सोच लेता है .....

इतना तो तय है कि
बादलों के ऊपर तुम्हारी विस्मयकारी आँखें
मुझे जीवन के एक नए सागर में जरूर डुबो देंती।

यारों की नगरी

यारों की नगरी में तो
आना-जाना लगा रहता है अक्सर

ढूँढ़े कहाँ मिलता है वो जहाँ
जहाँ पर स्पर्धा-प्रतिस्पर्धा नहीं है
औक़ात नहीं तोली जाती

सिर्फ़ हिस्सेदारी होती है
वो भी बराबरी की
फिर वो चाहे दुःख की आँधी हो
या सुख की छाँव।